LK 136 ¹⁴

HISTOIRE
DES
ASSEMBLÉES REPRÉSENTATIVES
EN FRANCE.

LES ÉTATS
DE NIVERNOIS
EN 1534.

(Extrait du Journal de la Nièvre.)

NEVERS,

J.-M. FAY, IMPRIMEUR DE LA PRÉFECTURE.

RUE DES ARDILLIERS, 13.

1857

LES
ÉTATS DE NIVERNOIS
EN 1534.

Le 13 novembre 1534, maîtres Louis Rouillard et Guillaume Bourgoin, conseillers du roi en sa cour de parlement à Paris, qui venaient de tenir les grands jours à Moulins, arrivaient au château de Nevers. Jacques Bolacre, procureur du comté de Nivernois, les reçut et leur présenta les lettres-patentes du roi François Ier, qui les commettaient pour présider à la rédaction des Coutumes de la province dans l'assemblée des trois Etats.

Le roi avait donné ces lettres-patentes à la demande de Marie d'Albret, comtesse de Nevers et de Dreux, afin de faire cesser la confusion qu'apportait dans le droit particulier de la province la contemporanéité de trois Coutumes différentes, l'une rédigée par ordre de Jean, comte de Nevers, d'Eu et de

Rethel, et les deux autres en vertu de lettres-patentes des rois Charles VIII et Louis XII, Coutumes qui se contredisaient souvent et obligeaient, pour établir leur existence, de recourir au ruineux et dangereux usage des enquêtes par turbes, source intarissable de procès.

Avant l'arrivée des deux conseillers commis, un sergent royal, en exécution d'autres lettres-patentes du roi et de lettres-patentes de la comtesse de Nevers, avait parcouru la province, s'arrêtant dans les principales localités, et là, sur la place publique, après trois cris ou un coup de trompette, il avait fait lecture à voix claire et intelligible, des lettres-patentes du roi et de celles de la comtesse, et il avait attaché au lieu accoutumé (c'était le pilori, ou un des poteaux de la halle, du puits ou de la galerie du châtelain, ou la porte du châtel), un écrit par lequel on faisait savoir de par le roi, messeigneurs les commissaires et madame la comtesse, à tous prélats, chapitres, gens d'église, barons, vicomtes, gentilshommes, communautés de villes et bourgs, et autres personnes du tiers état du pays de Nivernois, qu'ils eussent à comparaître ville et cité de Nevers, au châtel et maison de madite dame, le vingtième jour d'octobre, heure de midi, attendant une heure pardevant monseigneur le bailly de Nivernois, pour procéder à la confection du cahier des Coutumes qui serait présenté à messeigneurs les commissaires du roi et pour pourvoir aux frais de cette opération.

La convocation pour procéder à la discussion et à l'adoption de la Coutume en présence des commissaires du roi, le 14 novembre, fut faite dans la même forme par quatre sergents royaux qui parcoururent la province dans quatre directions différentes.

Les prélats et les nobles avaient individuellement le droit d'assister aux assemblées des états provinciaux ou d'y comparaître par procureur, en cas d'excuse légitime. Les autres gens d'église et le tiers état se faisaient représenter collectivement. Il y avait des députés de chapitres, de couvents, d'églises, de chanoines, de chantres, de communautés de villes et bourgs.

Les femmes nobles, les maisons religieuses de femmes avaient le droit de nommer des députés.

Le procès-verbal de la Coutume de Nivernois, ne mentionne qu'une femme, madame la duchesse de Longueville, qui se soit fait représenter. Cependant, on trouve parmi les remontrances et les oppositions adressées aux commissaires avant la clôture de l'assemblée, celles de deux dames de la noblesse.

Quels étaient les pouvoirs des gens des trois Etats réunis ainsi en assemblée provinciale; devaient-ils se borner à rechercher, à constater et à enregistrer les règles de droit, admises par le consentement tacite des populations, ou, au contraire, pouvaient-ils corriger les usages qui leur paraissaient vicieux et introduire des dispositions nouvelles, procéder, en un mot, comme de véritables législateurs ?

Coquille a établi dans plusieurs de ses ouvrages le pouvoir des États. Il ne doute pas que ces pouvoirs n'allassent jusqu'à faire des lois nouvelles.

« L'autre pouvoir des Etats, dit-il, *Histoire de*

» *Nivernois*, p. 445, est au fait des Coutumes qui
» tiennent lieu et sont le vrai droit civil des pro-
» vinces, en l'accordance desquelles Coutumes est
» représentée l'ancienne liberté du peuple fran-
» çois, en tant qu'il avoit et a encore aujourd'hui
» droit de faire loy sur soy-même, qui étoit le
» même droit qu'avoit le peuple romain, quand
» étant assemblé en comices et étant distribué par
» certain ordre, il était interrogé par le consul ou
» par le tribun, s'il lui plaisoit que telle ou telle
» chose fût ordonnée et tenue pour loy. . . .
. . . .

» Le roy Charles VII, après avoir chassé de
» France les Anglais, fit plusieurs ordonnances sa-
» lutaires pour la réformation, en l'an 1454, et par
» l'article 125, ordonna qu'en chacune province du
» royaume les Coutumes fussent arrêtées et rédi-
» gées par écrit. Cela se fait en assemblée des trois
» Etats de chacune province, ou des députés en
» ladite assemblée qui représentent tout le peuple.
» Et par le témoignage, avis et volonté desdits Etats,
» les anciennes Coutumes sont rapportées et prou-
» vées, et si elles semblent bonnes, elles sont con-
» firmées, *sinon sont réformées ou autres nouvelles*
» *faites*: ce qui fait connoître que la puissance de
» faire ces loix est originairement ès-mains du
» peuple ; car les lettres-patentes du roy ne sont
» que pour permettre et autoriser cette assemblée :
» et les conseillers du roy, commissaires pour ré-
» gler cette assemblée et pour faire registre de ce
» qui y est arresté. »

On peut lire encore ce que Coquille a dit sur le

même sujet dans les observations qui précèdent son *Commentaire de la Coutume de Nivernois*, et le premier article de ses questions, réponses et méditations sur les articles des Coutumes.

Ce pouvoir des Etats provinciaux est reconnu dans les lettres-patentes qui autorisent leur convocation pour procéder, suivant le style du temps, *aux réformations, modifications et abrogations des Coutumes*, et le grand nombre de dispositions nouvelles qu'elles contiennent, prouvent que les Etats usaient de leur droit; mais pour l'exercer, il fallait que les trois ordres fussent d'accord. En cas de dissentiment, on en référait au parlement.

Le lendemain de leur arrivée à Nevers, les commissaires du roi se rendirent au réfectoire du couvent des Cordeliers, où étaient assemblés les trois ordres. A l'ouverture de la séance, maître Guillaume Rapine, avocat de la comtesse de Nevers, exposa l'objet de la réunion, les avantages de la réformation de la Coutume, et requit la lecture des lettres-patentes du roi. Ensuite on procéda à l'appel des membres des Etats.

Quand vint le tour des eschevins, manants et habitants de Saint-Pierre-le-Moûtier, maître Olivier Millet, lieutenant-général au bailliage de cette ville, déclara en leur nom refuser de concourir à la rédaction de la Coutume. Il donna pour motifs de son opposition que Saint-Pierre ne faisait pas partie de la province, et qu'il avait des Coutumes propres, dont la rédaction avait été commencée en 1514. Ce qui donnait de l'importance à cette petite ville, c'est que les assemblées des trois ordres s'y réunissaient pour élire des députés aux Etats généraux et qu'elle était le siége d'une juridiction royale qui connaissait des appels des sentences de monseigneur le bailly de Nivernois. C'était, suivant une opinion alors accréditée dans la province, et qui s'est perpétuée jusqu'à nos jours, l'un des quatre grands bailliages établis par Philippe-Auguste, dans un but politique qu'il ne sera pas hors de propos de rappeler, après avoir fait connaître comment on présumait que l'un de ces quatre grands bailliages avait été établi à Saint-Pierre-le-Moûtier.

Sous Louis-le-Jeune, vers 1177, l'abbé de Saint-Martin, d'Autun, prieur du monastère de Saint-Pierre, qui avait droit de haute justice, voulant se soustraire aux violences de seigneurs du voisinage, supplia le roi de prendre le prieuré sous sa protection spéciale, et lui offrit de l'associer pour moitié à la justice et aux profits. Le roi accepta et institua un juge. Pendant quelque temps, le juge du roi et le juge du prieur rendirent ensemble la justice. Ensuite il y eut partage : le roi eut la ville et ses faubourgs ; le prieur, les villages qui dépendaient du monastère. Toutefois, il conserva son droit de justice dans l'intérieur du couvent et le droit de faire exécuter les sentences de mort aux portes du prieuré.

A cette époque, la royauté, cherchant à se dégager des liens de la féodalité, envoyait chaque année dans les provinces, à l'imitation de Charlemagne, des *Missi dominici* pour recevoir les plaintes et les appels de ceux qui étaient opprimés par les seigneurs justiciers et pour informer sur leurs entreprises contre les droits de la couronne. Mais ces envoyés, appelés *juges des exempts*, étaient impuissants à réprimer chez eux des seigneurs investis d'une autorité illimitée, appuyée sur la force, et qui avaient le droit d'interdire, sur leurs terres, aux officiers du roi de tenir des assises et d'y rendre la justice. Cet essai ayant échoué, on imagina de créer de grands bailliages dans les villes qui étaient réunies au domaine de la couronne.

Le président Hainault (1) dit qu'on n'en institua que quatre, parce qu'il n'y avait alors que quatre villes réunies au domaine de la couronne. Cependant, Bourges en dépendait depuis 1100 (2). Le vicomte Eudes Arpin l'avait vendue 60,000 sols d'or au roi Philippe Ier, pour lever une troupe de croisés et délivrer les lieux saints (3). Pourquoi donc n'y eut-il pas d'abord un bailliage à Bourges, où fut plus tard transféré celui de Saint-Pierre-le-Moûtier, et où il resta jusqu'en 1360, que le Berry fut démembré de la couronne et érigé en duché-pairie en faveur de Jean de France, troisième fils du roi Jean ? C'est apparemment parce que la vicomté de Bourges relevait alors du comte de Sancerre. Le roi, obligé de lui rendre hommage, n'avait pas dans la vicomté la plénitude de la souveraineté. On ne connaît pas la date précise de la translation du bailliage de Saint-Pierre à Bourges ; ce fut sans doute après la réunion du comté de Sancerre à la couronne, opérée dans

---

(1) *Abrégé chronologique de l'Histoire de France.* Remarques particulières, 6e éd., 1761, p. 892.

(2) *Ib.* année 1100.

(3) M. RAYNAL, *Histoire du Berry*, t. 1, p. 394.

les premières années du règne de saint Louis (1). Mais auparavant, Saint-Pierre dut être préféré, parce que cette ville, située sur les terres données aux religieux de Saint-Martin d'Autun par la reine Brunehault (2), n'appartenait pas à un seigneur soumis à un suzerain. Aussi, en 1360, devint-elle de nouveau le siége principal du bailliage. Quoi qu'il en soit, il n'y eut d'abord que les quatre grands bailliages de Saint-Pierre-le-Moûtier, de Sens, de Mâcon et de Vermandois; on leur attribua la connaissance des cas royaux et des appels des jugements rendus par les justices seigneuriales.

Qu'entendait-on par cas royaux?

A cette question, adressée par les barons de Champagne au roi Louis X, il répondit : « C'est assavoir que la royale majesté est étendue à cas qui, de droit ou de ancienne coutume, peut et doient appartenir à souverain prince et à nul autre (3). »

Avec une semblable définition, il n'était pas malaisé d'étendre successivement la compétence des nouveaux tribunaux.

C'est ce qui arriva. Les appels aux grands bailliages rendirent accessibles aux justiciables les recours contre les jugements des justices seigneuriales, qui n'étaient formés que très-rarement et seulement

---

(1) Le président HAINAULT, *Abrégé chronologique*, année 1226, et suiv.

(2) M. MORELLET, *Album du Nivernois*, t. II, p. 246.

(3) *Ordonnance des Rois*, t. I, p. 606; Citation de BONCENNE, t. I, p. 442, *Théorie de la procédure civile*.

pour des affaires d'une extrême importance, lorsqu'il fallait les porter directement devant le roi.

Faciliter les appels, c'était reprendre aux seigneurs la souveraineté judiciaire dont ils étaient en possession. Dans la suite, dès que le roi réunissait une ville à son domaine, il y établissait un bailli, investi du droit d'y connaître des cas royaux et des appels. Pour assurer l'indépendance et l'impartialité des baillis, il leur fut interdit « d'acheter héritage,
» contracter mariage pour eux ou leurs enfants dans
» la province durant leur charge. » (1)

Sous les successeurs du roi Jean, les quatre grands bailliages de Saint-Pierre-le-Moûtier, de Sens, de Mâcon et de Vermandois servirent « de bride aux
» grands seigneurs qui lors étaient les duc de Bour-
» gogne, comte de Champagne, duc de Berry, duc
» et comte d'Auvergne, comte de Nevers et Forest,
» duc de Bourbonnois. Mâcon était pour partie de
» Bourgogne et Forest, Sens pour autre partie de
» Bourgogne et Champagne, Vermandois pour autre
» partie de Champagne et pour Vermandois, Saint-
» Pierre-le-Moûtier pour Berry, Auvergne, Bour-
» bonnois et Nivernois. » (2)

Telle était la juridiction supérieure qui siégeait à Saint-Pierre-le-Moûtier, et qui inspirait à cette ville le désir de se faire dans le pays une position à part et distincte, et de disputer la prééminence à la capitale de la province.

(1) COQUILLE, *Questions et réponses sur les articles des Coutumes*, IV.
(2) COQUILLE, *Histoire de Nivernois*, p. 136, éd. de 1703.

L'avocat et le procureur du comté de Nevers combattirent les prétentions de Saint-Pierre.

Le débat ne fut pas vidé, les conseillers du roi préposés à la réformation de la Coutume de Nivernois ordonnèrent que les habitants de Saint-Pierre y assisteraient, sans préjudice de leurs droits d'exemption et d'opposition.

L'appel terminé, le procureur de Nivernois requit défaut contre les non comparants. Les commissaires se firent représenter les exploits d'ajournement dressés par les sergents, et, après un nouvel appel, ordonnèrent, pour le profit du défaut, de procéder à la lecture du cahier des Coutumes. Alors, sur les réquisitions de l'avocat de Nivernois, les assistants prêtèrent serment *de bien et loyalement déposer des Coutumes, d'aviser les commissaires des choses qu'ils verraient être utiles et profitables et aussi des dommageables au bien et utilité du pays, et de leur déclarer les Coutumes nouvelles qui seront couchées en l'ancien livre coutumier qu'ils ont montré, ce qu'ils ont promis faire.*

On procéda ensuite à la lecture du cahier, qui dura plusieurs jours.

Dans l'intervalle des séances, les membres des Etats conféraient entre eux pour se mettre d'accord sur la rédaction.

Beaucoup de dispositions nouvelles sur les droits féodaux furent introduites dans la Coutume. Quelques-uns les restreignirent; le plus grand nombre les aggravèrent. Parmi ces droits, un des plus onéreux et des plus funestes était le bordelage, charge que peu d'autres provinces supportaient. Ce droit consistait en une certaine redevance annuelle en blé, en argent et en volaille, ou en deux de ces trois prestations. C'était dans l'origine le prix de la concession à perpétuité de terres arables à des laboureurs pour les cultiver. Dans la suite, l'usage s'introduisit d'asseoir ce droit sur les vignes, les prés, les bois, les maisons des villes, et même de le constituer à prix d'argent sur des biens allodiaux, c'est-à-dire entièrement libres, et qui ne relevaient d'aucun seigneur. Les pauvres gens des villes et des villages, dans des besoins d'argent, soumettaient leurs héritages aux droits de bordelage.

« L'avarice d'aucuns, dit Coquille (1), à cause des
» grands avantages de cette sorte de redevance,
» a fait entrer le bordelage dans les villes et y a as-
» servi les héritages. »

Ce qu'il y avait de pernicieux dans ce droit, dont le pays *était grandement foulé et chargé* (2), c'est que la propriété du fonds asservi était si précaire dans les mains du détenteur, qu'il perdait tout crédit, et qu'eût-il les moyens d'améliorer son bien, il craignait de faire des dépenses dont il ne profiterait pas. Plus des trois quarts des terres et des maisons de la province étaient tenus en bordelage (3). En cas d'aliénation, le seigneur bordelier avait droit à une somme égale à la moitié, soit du prix payé au ven-

---

(1) *Commentaire de la Coutume de Nivernois.* chap. VI, art. 1er.

(2) *Histoire de Nivernois*, p. 430.

(3) *Mémoire de ce qui est à faire pour le bien du pays de Nivernois*, envoyé à M. de Nevers par maître Erard Bardin, party le 18 août 1573. Coquille, t. 1er, p. 271.

deur, soit de l'estimation. Pour succéder à un héritage grevé du droit de bordelage, il fallait avoir été commun en bien avec le redevable au moment de son décès. A défaut de payement de la redevance pendant trois ans, par une sorte de confiscation appelée commise, la propriété asservie était acquise au seigneur bordelier. Il y avait aussi commise de la partie de la chose aliénée sans sa permission (1).

Quand l'héritage retournait au seigneur bordelier en vertu de sa seigneurie directe, il y retournait libre de toute hypothèque, même de la dot et du douaire de la femme. Ainsi, ce retour ruinait à la fois le grevé et ses créanciers. « Bref, dit Coquille,
» on a amassé en ce bordelage toutes les autres dures
» conditions qui sont ès-autres tenures d'héritages,
» qui est une des causes pourquoi les voisins de ce
» pays craignent de prendre alliance par mariage et
» de trafiquer en icelui; et ce qui aide encore à le
» dépeupler est que les gens de village voulant éviter
» ces reversions de leurs héritages à faute d'hoi-
» res, marient leurs enfants fort jeunes, pensant
» s'avancer pour repeupler leurs maisons; mais ces
» jeunes personnes, trop tendres pour le fait du ma-
» riage, ne durent pas, et la lignée qui en vient est
» faible; ainsi leur avient le contraire de ce qu'ils
» ont projeté. »

Lors de la réformation de la Coutume, en 1534, on y introduisit deux nouvelles dispositions pour diminuer un peu le mal causé par le bordelage : L'article 19 du chapitre 6 dispensa les enfants du premier

---

(1) COQUILLE, *Institution au droit françois*, p. 38.

degré seulement d'être communs pour succéder à l'héritage bordelier. L'article 30 du même chapitre interdit d'établir le bordelage sur les propriétés situées dans les villes du pays de Nivernois qui n'en étaient pas déjà grevées. Les termes de cet article attestent l'action destructive que ce droit odieux exerçait sur les habitations, et les obstacles qu'il apportait aux constructions nouvelles. « Désormais,
» y est-il dit, bordelage ne pourra de nouvel être
» créé, chargé ni constitué sur maisons et autres hé-
» ritages assis en la ville et cité de Nevers, ne pa-
» reillement ès-autres villes du pays de Nivernois,
» *à ce que les detempteurs desdits héritages soient plus*
» *enclins à bâtir lesdits héritages*, *et que* LES RUINES,
» DÉMOLITIONS ET FAUTES D'ÉDIFICES ADVENUS AU
» MOYEN DE LA GRANDE CHARGE DESDITS BORDELAGES,
» SOIENT AMENDÉS ET RÉFORMÉS PAR RÉPARATIONS ET
» ÉDIFICES NOUVEAUX. »

« Cet article, dit Coquille (1), est venu bien tard
» pour le remède ; parce que jà la plupart des maisons
» des villes en estoient encombrées, et à la rédaction
» de la Coutume de l'an 1534, il était mal aisé d'y
» donner bon ordre ; car les principaux des trois
» ordres d'états, en la puissance desquels était la
» réformation de la Coutume, y avoient intérest do-
» mestique, tant ceux d'église, de la noblesse que
» du tiers état, et les députez du tiers état n'avoient
» été choisis du même peuple, qui est celui qui doit
» les bordelages. »

Le remède n'était qu'un palliatif ; vingt ans après,

---

(1) *Questions et réponses sur les Coutumes*, CCLXXVI.

le 9 août 1554, maître Guillaume Rapine, lieutenant-général de Nivernois, au nom des eschevins et gouverneurs de fait commun, manants et habitants de la ville et cité de Nevers, dans un plaidoyer au conseil privé du roi, qui était alors à Compiègne, appelait la redevance bordelière *cruelle et inhumaine, et vrayement barbare et contraire à toute raison et disposition, tant du droit des gens et naturel que civil et positif.* « On craint, disait-il, acheter les maisons
» et places étant en ladite ville et faubourgs, icelles
» édifier et embellir, et par ce ladite ville pour la
» plupart est champêtre et ruinée ; plusieurs places
» en icelle vacantes et sans aucun profit, et jardins
» sans culture, à la très-grande difformité du regard
» public et intérêts du bien commun de ladite ville
» et du pays. » (1)

L'abolition du bordelage dans la ville de Nevers était demandée par le duc de Nivernois, l'évêque de Nevers, une centaine de seigneurs bordeliers, tant ecclésiastiques que séculiers ; elle ne rencontrait d'opposition que de la part de cinq églises et de deux avocats, maîtres Pierre Cotignon et Jean Dechoins.

Cependant, tout ce qu'on put obtenir, ce fut que trois arrêts du conseil privé du roi, rendus en 1577, 1578 et 1579, déclarassent rachetables les bordelages constitués à prix d'argent et atténuassent les mauvais effets des autres. Mais c'était une faveur dont profitait seulement la ville de Nevers (2).

(1) COQUILLE, t. Ier, p. 273.
(2) *V.* COQUILLE, *Questions et réponses sur les coutumes* loco citato.

Les seigneurs bordeliers des autres villes et des campagnes, moins éclairés que ceux de la capitale de Nivernois, tenaient à conserver ce droit détestable; il continua à couvrir de ruines et à dépeupler le reste de la province, et ne fut complètement aboli qu'à la révolution (1). Les désastres qu'il causait et les raisons de son maintien sont ainsi exposés dans *un mémoire de ce qui est à faire pour le bien du pays de Nivernois, envoyé à Monsieur de Nevers par maître Erard Bardin, qui est party le* 18 août 1573 (2).

« Aussi est le pays Nivernois grandement affaibli
» par le moyen des bordelages qui, entre autres
» dures conditions, emportent de leur nature que le
« frère ne succèdera aux frères, ny le petit-fils à
» l'aïeul, ny autres parents, si lors du décès il n'est
» commun en biens avec luy.

» Dont arrive plusieurs inconvénients, que les dé-
» tenteurs sçachans ou doutans que le Sieur leur
» doive succéder, laissent les héritages en ruine, et
» se tiennent en nonchaloir. Que aucuns espérans y
» pourvoir par communautez et mariages, marient
» leurs enfants fort jeunes, qui par ce moyen se
» corrompent et perdent, la lignée qui en vient est
» faible et ne dure pas; qui est une des causes par
» lesquelles le plat païs est si fort dépeuplé, que le
» trafic et commerce en est diminué; car telle aura
» pour mille écus d'héritages tenus à bordelage,
» que s'il vient à décéder ne se trouvera riche de

(1) V. MERLIN, Répertoire, V. Bordelage.
(2) COQUILLE, t. I, p. 27.

» mil sol; car le Sieur, quand il prend le bordelage
» par reversion, il le prend sans charge d'hypothè-
» ques ny dettes, et le créancier par ce moyen est
» frustré, même la veuve perd ses assignaux et
» douaire; que les voisins sachans toutes ces dures
» conditions, craignent de prendre alliances et de
» trafiquer en ce païs.

» Et plus des trois quarts des héritages, tant ès
» villes qu'aux champs sont tenus en bordelage.

» Ne faut attendre, comme aucuns disent, que
» par une assemblée d'Etat pour la révision de la
» Coutume, on y pourra donner bon ordre, car
» l'église et la noblesse y ont trop d'intérests, et
» toutes les bonnes maisons des villes du tiers Etat
» sont fondées en bordelage, et n'y a pas espé-
» rance que le reste du peuple, qui est le menu,
» vienne à vaincre les autres. »

L'histoire du bordelage nous a entraîné un peu loin des Etats de 1534; revenons-y.

Il n'y eut point de réclamation dans l'assemblée contre l'article de la Coutume (15, chapitre Ier), qui donnait au seigneur haut justicier le droit de condamner à mort et à la mutilation des membres, de faire fustiger, fouetter, piloriser, escheler, marquer, etc.

Fustiger, c'était battre avec un bâton.

Fouetter, c'était frapper le corps avec des verges ou des cordes.

Piloriser, c'était attacher à un carcan, avec un écriteau ou une marque indicative des causes de la condamnation. Le voleur de raisin dans les vignes avait au cou un collier de ceps.

Escheler, c'était placer au haut d'une échelle le

condamné, dont les pieds, les bras, la tête étaient enserrés. Dans cette position cruelle, il faisait amende honorable. Cette peine était prononcée, non-seulement dans les juridictions temporelles, mais encore dans les juridictions ecclésiastiques, contre les bigames. Il y avait à Paris les échelles Saint-Martin-des-Champs et les échelles du Temple.

On marquait de deux manières : avec un fer chaud appelé fleur-de-lys, ou avec un poinçon sur les parties charnues du corps ; les trous faits par le poinçon dans la chair meurtrie se remplissaient de sang qui, en se coagulant, laissait une marque ineffaçable (1).

La féodalité avait couvert la France d'instruments permanents de supplice. De toutes parts s'élevaient des fourches patibulaires, sortes de colonnes de pierre au haut desquelles il y avait une traverse qui servait à attacher pour les étrangler les condamnés à mort, et où leurs cadavres restaient exposés (2). C'étaient les insignes des seigneurs hauts justiciers. Le nombre des pilliers de leurs gibets était proportionné à leur dignité. Le seigneur haut justicier qui avait ample territoire confiné par limites remarquables pouvait avoir le gibet à deux pilliers ; le châtelain avait le gibet à trois pilliers ; le vicomte (3) ou le baron, le gibet à quatre pilliers ; le comte, le gibet à six pilliers : si l'autorité du comte

---

(1) COQUILLE, *Sur la Coutume de Nivernois*, chapitre Ier, article 15.
(2) FERRIÈRE, *Dict. de Droit* ; v° *Fourches patibulaires*.
(3) *Ibid.*

embrassait toute une province, le gibet avait neuf pilliers. Le gibet d'un duc, dont la domination s'étendait à une province entière, était à douze pilliers (1).

Pour donner une idée du nombre prodigieux de fourches patibulaires dont la province de Nivernois était hérissée, il faut dire qu'elle renfermait trente-deux châtellenies (2) et une bien plus grande quantité de hautes justices de moindre importance. Que l'on compte à trois pilliers pour chaque châtelain et à deux pilliers pour les seigneurs hauts justiciers d'un ordre moins élevé. Ces fourches patibulaires n'étaient pas de vains simulacres; elles ne pouvaient entretenir la terreur qu'elles étaient destinées à inspirer, qu'à la condition de servir fréquemment d'appareils de mort. On frémit à la pensée de la multitude de victimes que les hauts justiciers devaient immoler à leur sûreté, à leur orgueil, à leurs vengeances et à toutes leurs mauvaises passions.

Le temps n'était pas encore venu de faire disparaître ces hideux emblêmes de la puissance féodale. On se borna, en 1534, à interdire de les ériger à ceux qui n'avaient pas la haute justice.

Il nous reste à mentionner quelques discussions d'un intérêt historique dans les Etats dont nous nous occupons.

Les eschevins et les habitants de Nevers prétendirent qu'ils avaient le droit de juger les affaires criminelles et que le bailli de Nivernois ou son

---

(1) COQUILLE, sur les *Coutumes du Nivernois*. chap. 1, art. 9, 10, 11, 24 et 25. *Institution*, p. 8 et 9.

(2) COQUILLE, *Histoire de Nivernois*, p. 438.

lieutenant, devaient se borner à les instruire. Toutefois, ils ne purent rapporter la preuve de ce privilége (1) ; il était cependant écrit dans la charte accordée à la ville, le 27 juillet 1231, par le comte Gui III et par Mahaut ou Mathilde de Courthenay, sa femme (2). Mais les archives avaient été spoliées ; il fallut recourir aux censures ecclésiastiques pour obtenir la restitution des pièces enlevées (3), et au moment de la réformation de la Coutume, la charte était probablement adirée. Les commissaires firent des réserves aux eschevins et aux habitants : ces réserves laissèrent la contestation indécise. Ce fut l'objet de longs débats entre la commune et le bailliage. Ils se prolongèrent jusqu'en 1603 ; à cette époque, une convention intervint qui reconnut le droit de la commune. Quelques années plus tard, il lui fut dénié, mais il lui fut confirmé par arrêt du parlement, du 27 août 1624 et par un réglement intervenu le 18 juin 1655, entre la ville et le bailliage. Enfin, ce droit fut définitivement enlevé à la ville par un arrêt de 1727 (4).

Une autre question d'un intérêt plus général et qui divisait la France en deux systèmes différents fut agitée dans l'assemblée.

---

(1) *Procès-verbal de la réformation de la Coutume ; Coutumier général*, t. II, p. 1180, édit. de 1724.

(2) PARMENTIER, *Archives de Nevers*, t. 1er, p. 18.

(3) *Ibid.*, p. 2.

(4) *Ibid.*, p. 162 et suiv. — DE SAINTE-MARIE, *Recherches historiques sur Nevers*, p. 66 et 67. — M. MORELLET, *Album du Nivernois*, t. 1er, p. 82.

Deux principes contraires régissaient le droit féodal : l'un fécond en envahissements, *nulle terre sans seigneur* ; l'autre restrictif, *nul seigneur sans titre*. Dans le cahier des Coutumes présenté à l'adoption des Etats de Nivernois, ce dernier principe fut formulé en ces termes : « Tous héritages sont censés et
» présumés francs et allodiaux, qui ne montre du
» contraire. » Cet article fut combattu par les officiers de madame la comtesse, par l'Etat de l'église et l'Etat de noblesse, qui demandèrent sa radiation. Le tiers Etat insista pour son maintien comme coutume ancienne et utile. Les commissaires prononcèrent le renvoi à la cour pour en ordonner. Du temps de Guy Coquille, la question n'était pas résolue ; cependant l'article figurait en tête du chapitre septième de la coutume.

Aux Etats de 1534, les deux premiers ordres se montrèrent très-attachés à leurs priviléges et très-opposés aux atteintes qu'on voulait y porter. Il y avait dans l'ancien livre coutumier une disposition barbare : si de deux époux l'un était d'une condition servile, l'autre franc, les enfants issus de ce mariage suivaient la pire condition. Il est de coutume, disait-on, *que le mauvais emporte le bon.* Le tiers Etat ne put obtenir la suppression de cet article ; les deux autres ordres demandèrent sa conservation, et il fut provisoirement maintenu. Si l'on veut savoir quel était l'état des serfs nivernois, voici la description qu'en fait Coquille :

« La servitude étant de naissance, tient et adhère
» à la chair et aux os ; en sorte que le serf demeure
» serf en quelque part qu'il aille, quoy qu'il quitte

» tous ses biens, meubles et immeubles; même la
» dignité épiscopale ne le délivre de servitude (1). »

Nous ne dirons qu'un mot de deux dispositions adoptées sans discussion, et qui témoignent moins de l'esprit religieux que de la soumission des législateurs nivernais aux commandements de l'Église.

Le besoin d'avoir du poisson pour la nourriture les jours maigres, qui étaient alors au nombre de cent quarante-six par an (2), fit introduire dans le chapitre seizième, intitulé des *Eaux*, deux articles qui favorisaient l'établissement des étangs.

La lecture du cahier et les conférences durèrent jusqu'au 23 novembre, jour où fut dressé le procès-verbal. On y indiqua quels étaient les articles anciens et quels étaient les nouveaux, et on y inséra les oppositions. Le lendemain, les trois ordres présentèrent aux commissaires le style et les formes judiciaires qu'ils avaient concertés ensemble et qui furent publiés, ainsi que la Coutume. Ensuite, chacun des trois ordres élut dans son sein des commissaires pour collationner la rédaction adoptée.

Tel fut le mode de réformation de la Coutume de Nivernois; telles furent les questions les plus importantes agitées à cette occasion et les solutions qu'elles reçurent. Les Etats qui adoptèrent ce recueil de lois sur toutes les matières du droit civil du seizième siècle, sont les plus importants de tous

---

(1) *Commentaire sur la Coutume de Nivernois*, chap. 8, art. 6.

(2) COQUILLE, sur les articles 4 et 5 du chapitre seizième de la *Coutume de Nivernois*.

ceux qui ont été tenus dans la province, car leur législation a régi cette partie de la France pendant près de trois siècles.

Le livre des Coutumes de Nivernois, signé des commissaires du roi, fut apporté au greffe de la cour du parlement de Paris, qui ordonna d'en déposer un semblable au greffe du bailliage de Nivernois, afin que le greffier de ce bailliage pût en délivrer des extraits à ceux qui le requerraient.

HIPPOLYTE DURAND.

www.ingramcontent.com/pod-product-compliance
Lightning Source LLC
Chambersburg PA
CBHW060557050426
42451CB00011B/1958